Hallo!

In der Geschichte findest du an einigen Stellen Profifragen zum Text.

Deine Antworten kannst du mit einem Lesezeichen überprüfen. Das kannst du hinten aus dem Buch herausnehmen.

Es ist dein Lösungsschlüssel!

Aus Verantwortung für die Umwelt hat sich der Fischer Kinder- und Jugendbuch Verlag zu einer nachhaltigen Buchproduktion verpflichtet. Der bewusste Umgang mit unseren Ressourcen, der Schutz unseres Klimas und der Natur gehören zu unseren obersten Unternehmenszielen.

Gemeinsam mit unseren Partnern und Lieferanten setzen wir uns für eine klimaneutrale Buchproduktion ein, die den Erwerb von Klimazertifikaten zur Kompensation des CO_2-Ausstoßes einschließt.

Weitere Informationen finden Sie unter: www.klimaneutralerverlag.de

Weitere Informationen zum Kinder- und Jugendbuchprogramm der S. Fischer Verlage finden Sie unter: www.fischerverlage.de

FSC www.fsc.org MIX Papier aus verantwortungsvollen Quellen FSC® C043106

4. Auflage 2021

Erschienen bei FISCHER Duden Kinderbuch

Lektorat: Sophia Marzolff
Fachberatung: Ulrike Holzwarth-Raether
Gestaltungskonzept und Layout:
Farnschläder & Mahlstedt, Hamburg
Umschlagkonzept: Frauke Schneider, Wittighausen
Umschlaglayout: Mischa Acker, Brühl

Druck und Bindung:
Grafisches Centrum Cuno GmbH & Co. KG, Calbe
Printed in Germany
ISBN 978-3-7373-3234-7

Leseprofi

Lennart, Titus und die Reise zum Mars

Sabine Stehr

mit Bildern von Sandra Reckers

FISCHER Duden Kinderbuch

Inhalt

1. Die Überraschung

Heute ist Lennarts Geburtstag.
Im Esszimmer steht schon die Torte.
Im Zuckerguss stecken
acht flackernde Kerzen.
„Herzlichen Glückwunsch!“,
rufen Mama und Papa,
als Lennart ins Zimmer kommt.
Geschenke sind keine zu sehen.

Mit einem Atemzug
pustet Lennart die Kerzen aus.
Mama und Papa machen
ein geheimnisvolles Gesicht.
„Gleich kommt eine Überraschung“,
verkünden sie.
Da klingelt es auch schon.
Lennart rennt zur Tür.
Es ist sein Patenonkel Hans.

Onkel Hans ist Ingenieur.
Er arbeitet in einer Raumfahrtfirma.
Jetzt gratuliert er Lennart
und umarmt ihn fest.
Ist das schon die Überraschung?
Nein, die Überraschung ist im Garten!
Lennart muss die Augen schließen.
Onkel Hans führt ihn hinaus.
Als Lennart das weiche Gras
unter seinen Füßen spürt,
darf er wieder gucken.
Huch, was ist das?

Profifrage 1

Ein Ingenieur ist ein Fachmann. Wofür?

- für Technik
- für Kinder
- für Geburtstagsfeiern

Auf dem Rasen steht
eine orange-weiße Rakete.
Unten ist sie breit und oben spitz.
„Die neuste Erfindung:
ein Kindermodell!“, erklärt Hans.
„Mit dieser Rakete fliegen Schüler
demnächst alleine ins All.
Und wir dürfen sie testen.“
Boah!
Von einem Flug ins All
hat Lennart immer geträumt.

Onkel Hans öffnet die Einstiegsluke.
Doch plötzlich klingelt ein Telefon.
Mürrisch zieht Onkel Hans
sein Handy aus der Tasche.
Oh! Ein Notfall in der Fabrik!
Onkel Hans muss schnell los.
So ein Pech!
Der Ausflug ins All
muss leider verschoben werden.

Am Abend kann Lennart
nicht einschlafen.
Immer wieder setzt er sich auf.
Durchs Fenster sieht er
die Rakete im Mondschein.
Der Anblick macht ihn ganz kribbelig.
Nebenan schnarcht Papa.
Da kommt Lennart auf eine Idee.
Im Schlafanzug schleicht er
in den Garten hinaus.

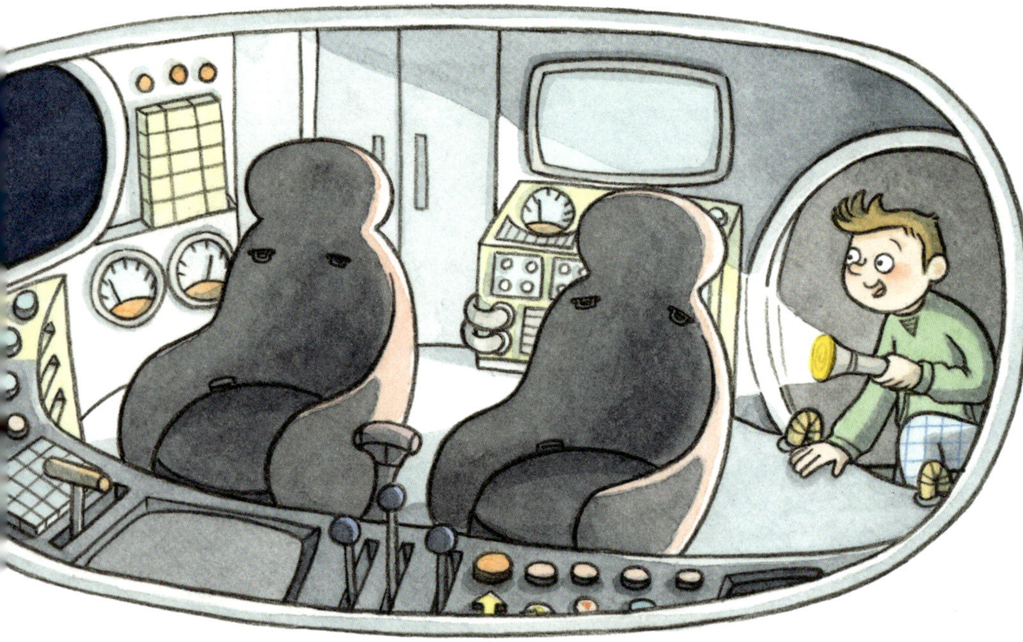

Vorsichtig öffnet Lennart
die Rakete und steigt hinein.
Er knipst seine Taschenlampe an.
Der Lichtstrahl wandert über
Bildschirme, bunte Tasten,
Schalter und Hebel.
Da scheppert etwas.
Nanu?
Es kommt aus dem Laderaum.
Lennart dreht sich hastig um.

Dabei bleibt er
an einem Hebel hängen.
Der Motor springt an.
Die Knöpfe blinken.
Und eine Computerstimme sagt:
„Die Rakete startet in fünf Minuten!“
Au weia!
Lennart will die Rakete stoppen.
Doch dann zögert er.
Auf eine kleine Runde
hätte er schon Lust …

Kurz entschlossen setzt er sich
auf den Pilotensitz
und schnallt sich an.
Die Computerstimme zählt rückwärts
von zehn bis null.
Jetzt geht es los!
Die Rakete ruckelt und zischt.
Dann hebt sie ab.

Wuuuuii!
Schnell steigt
die Rakete in den Himmel.
Die Erde wird immer kleiner,
die Sterne kommen näher.
Am liebsten würde Lennart
den Mond besuchen.
Oder die Venus oder den Mars.
Aber wie steuert man dieses Ding nur?
Und wie landet man?

Plötzlich scheppert es wieder.
Lennart schaut sich um.
Was ist das?
Das Geräusch wird lauter.
Quietschend öffnet sich
die Tür vom Laderaum.
Lennart hält den Atem an.
Was marschiert denn da heraus?

Es ist ein kleiner Roboter.
Er hat einen eckigen Kopf,
eine Klappe am Bauch
und lächelt nett.
„Hallo!“, sagt er
mit elektronischer Stimme.
„Gestatten, Titus 3000,
Hilfsroboter für Weltraumflüge.
Ich unterstütze Astronauten
und demnächst auch
Kinder in dieser Rakete.“

Profifrage 2

Wie heißt die Zahl in Titus' Namen?

- dreihundert
- dreitausend
- dreizehn

Lennart freut sich.
„Dann kannst du die Rakete steuern?“,
fragt er aufgeregt.
Titus nickt.
Er kommt knarzend auf Lennart zu
und setzt sich neben ihn.
„Wohin darf ich dich fliegen?
Auf den Mond?
Dort müsste ich nämlich
etwas erledigen,
wenn du erlaubst.“
„Na klar!“, ruft Lennart.

Titus tippt auf ein paar Knöpfe.
Die Rakete fliegt einen Bogen
und nimmt Kurs auf den Mond.
Immer deutlicher kann man
die Krater und Gebirge erkennen.
Dann senkt der Roboter
den Steuerknüppel und bremst.
Behutsam landet er
auf der Oberfläche des Monds.

„Bitte, nach dir.“
Der Roboter verbeugt sich höflich
und hält die Luke auf.
Neugierig klettert Lennart hinaus.
Er setzt seinen Fuß auf
den staubigen Boden des Monds.
Das fühlt sich unglaublich an!

Vor ihnen liegt eine graue Landschaft
aus steilen Bergen
und tiefen Tälern.
Der Roboter geht in die Hocke.
Mit seinen Stahlfingern
durchwühlt er den Staub.
„Macht man das so
auf dem Mond?“,
fragt Lennart verwundert.
Titus 3000 schüttelt den Kopf.
„O nein. Das macht man nur so,
wenn man etwas verloren hat.“

2. Die Suche beginnt

„Meine Antenne“, erklärt der Roboter.
Seit seinem letzten Ausflug ins All
ist sie leider verschwunden.
Oje!
Lennart will Titus helfen.
Zusammen suchen sie den Boden ab.
„Da!“, ruft Lennart.
Im Geröll blitzt
etwas Silbriges auf.

Lennart hebt es hoch.
Leider ist es nur ein Stück Folie,
das jemand liegen gelassen hat.
Schade!
Die beiden setzen ihre Suche fort.
Auf dem Weg durch die felsige Gegend
finden sie weiteren Weltraumschrott:
eine Plastiktüte, ein Seil,
einen abgefallenen Propeller
und einen Gummischlauch.
Doch von Titus' Antenne
fehlt jede Spur.

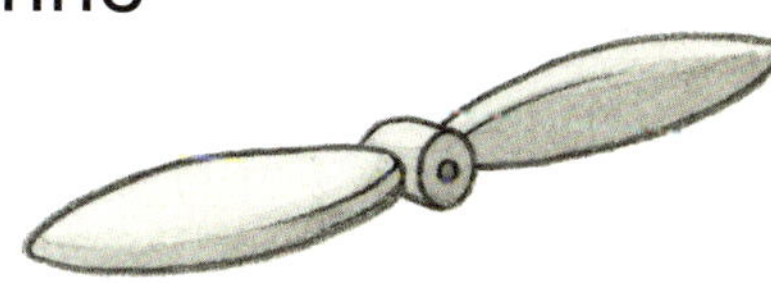

Profifrage 3

Was finden Lennart und Titus?
Lies genau!

- Weltraummüll
- Weltraumabfall
- Weltraumschrott

Titus öffnet die Klappe
an seinem Bauch.
Er verstaut die Fundsachen darin.
Wer weiß, vielleicht kann man sie
irgendwann brauchen …
„Wo könntest du die Antenne
noch verloren haben?“, fragt Lennart.
Der Roboter überlegt.
Da fällt ihm etwas ein:
„Ich habe den Marskühen
einen Besuch abgestattet …“

„Au ja, wir fliegen zum Mars!“,
ruft Lennart begeistert.
Und so geht die Reise weiter.
Die Rakete düst
an Meteoriten vorbei,
durch bunte Sternennebel
bis hin zum Mars.
Über dem roten Planeten
setzt Titus zur Landung an.
Doch auf einmal
sehen die beiden fast nichts mehr.

3. Reise zu den Planeten

Auf dem Mars
zieht ein schwerer Sandsturm auf.
Titus kann nicht erkennen,
wo er landet.
Die Stützen der Rakete setzen auf,
doch der Untergrund ist wackelig.
Erst beim Aussteigen
bemerken die beiden:
Sie sind auf einem Vulkan gelandet!
„Ist das schlimm?“, fragt Lennart.
„Ich hoffe nicht“, meint Titus.

Für die Suche nach der Antenne
müssen sie ins Tal.
Doch der Abhang ist steil.
Wie kommen sie hinunter?
Titus überlegt.
Dann öffnet er die Bauchklappe
und holt die Plastiktüte heraus,
die sie auf dem Mond gefunden haben.
„Wir machen eine Rutschpartie“,
erklärt er.
Tolle Idee!
Und so setzen sie sich auf die Tüte.

Flott gleiten sie
den sandigen Abhang hinab.
Lennart lacht vor Vergnügen.
Doch plötzlich kreuzt
eine Herde kantiger roter Tiere
ihren Weg.
„Achtung, Marskühe!“,
dröhnt der Roboter.
Die Tiere trotten gerade
zur Melkstation.
Von dort versorgen sie die Milchstraße
mit ihrer Weltraummilch.

Mit den Beinen lenkt Lennart
knapp an der Herde vorbei.
Sie fahren eine scharfe Kurve.
Schon taucht
das nächste Hindernis auf:
ein Haufen aus rostrotem Heu.
Lennart bremst, aber es ist zu spät.
Kopfüber landen er und der Roboter
im weichen Heu.
„Eine perfekte Bruchlandung“,
bemerkt Titus.

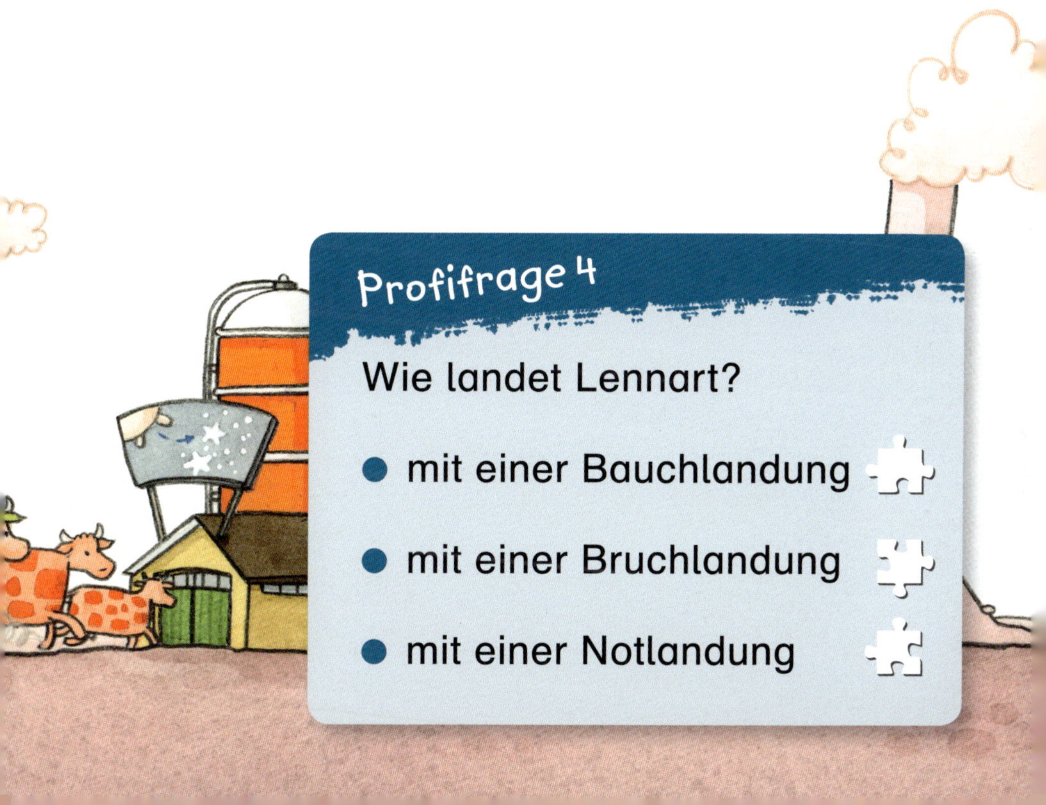

Profifrage 4

Wie landet Lennart?

- mit einer Bauchlandung
- mit einer Bruchlandung
- mit einer Notlandung

Neugierig nähern sich
nun auch die Kühe. Gut so!
Da kann Titus sie gleich fragen,
ob sie seine Antenne gesehen haben.
Die Kühe schütteln den Kopf.
Doch dann teilt sich die Herde.
Eine gefleckte Kuh mit grünen Ohren
tritt hervor.
„Der Eismann vom Saturn
hat beim Milchholen
so ein Ding gefunden.
Er hat sie mitgenommen“,
muht sie.

„Dann los zum Saturn“,
beschließt Titus.
Doch auf einmal bebt der Boden.
„Der Vulkan!“, muhen die Kühe
und fliehen zur Melkstation.
Oh, oh!
Kleine Steine werden
aus dem Krater geschleudert.
Die Rakete am Vulkanrand
wackelt und schwankt.
„Wir müssen schnell da hoch!
Nur wie?“, ruft Lennart.

Titus berechnet fix ein paar Dinge.
Dann öffnet er die Klappe
an seinem Bauch.
Er holt den Propeller vom Mond heraus
und schnallt ihn um.
Mit ein paar Handgriffen
schließt er ihn
an die Kabel seiner Batterie an.
Er greift nach Lennarts Hand
und fliegt mit ihm zum Kraterrand.

Als der Vulkan
blubbernde Lava spuckt,
hebt die Rakete bereits ab.
Lennart und Titus sind in Sicherheit.
Sie düsen zum Saturn.
Lennart schaut durch das Fenster.
Wie lustig!
Auf den Ringen des Planeten
befindet sich
eine dreispurige Schlittschuhbahn.
Zwei Außerirdische
laufen gerade um die Wette.

Und neben der Bahn befindet sich
die gesuchte Eisdiele!
Der Roboter parkt
neben einer fliegenden Untertasse
und marschiert aus der Rakete.
Lennart kommt kaum hinterher.
Titus 3000 läuft so schnell,
dass seine Metallgelenke quietschen.
Vor der Eisdiele bremst er ab.
An der Tür hängt ein Schild.
„Bin im Urlaub“, steht darauf.

Als sie wieder in der Rakete sitzen,
ist Titus ganz still.
„Wir holen deine Antenne
beim nächsten Mal!“,
verspricht Lennart.
Der Roboter nickt.
„Jetzt geht es erst einmal
nach Hause“, denkt Lennart.
Aber da hat er sich geirrt.

Lennart gibt Gas,
doch die Rakete kommt nicht voran.
Irgendetwas zieht sie zurück.
Dann schrillt ein Alarm.
Ein Blaulicht blinkt.
Und die Messgeräte spielen verrückt.
O nein! Ein schwarzes Loch!
Es befindet sich direkt hinter ihnen
und zieht alles an,
um es zu verschlingen.

„Keine Panik“, sagt Titus.
Er zieht einen Notfallhebel.
Sofort schaltet die Rakete
auf Turboantrieb.
Flammen zischen aus den Düsen.
Lennart und der Roboter werden
in die Sitze gepresst.

Profifrage 5

Was macht
das schwarze Loch?

- Es zieht alles an.
- Es zieht alles aus.
- Es zieht um.

4. In einer fernen Galaxie

Wie der Blitz schießen sie durchs All.
Bald liegt das schwarze Loch
Lichtjahre hinter ihnen.
Aber wo befinden sie sich nun?
Um sie herum
kreisen seltsame Planeten.
Einige sind gestreift, andere kariert.
„Wo geht's denn nach Hause?“,
fragt Lennart ängstlich.
Der Roboter räuspert sich verlegen.
„Das kann ich ohne meine Antenne
in einer fremden Galaxie
nicht feststellen“, antwortet er.

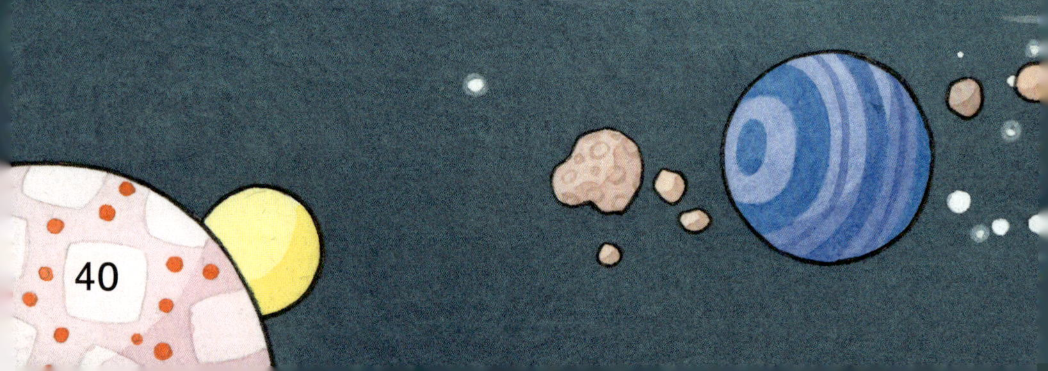

„Aber keine Sorge.
Sicher finde ich einen Weg“,
fügt er hinzu.
Titus durchforstet
seine Festplatte.
Es tickt und knattert.
Währenddessen wird die Rakete
immer langsamer.
Der Motor beginnt zu stottern.
Und mit einem Mal geht er aus.
Nanu?
Lennart blickt Titus fragend an.

Der Roboter tippt
auf die Tankanzeige.
Die Nadel steht im roten Bereich.
Der Treibstoff ist aufgebraucht.
Auch das noch!
„Wo sollen wir hier nur
Benzin finden?“, seufzt Lennart.
„Weltraumwasser geht auch“,
weiß Titus 3000.
Zum Glück schwebt die Rakete gerade
über einem kunterbunten Planeten.

Aber wie sollen sie landen?
Der Tank ist ja leer.
Diesmal hat Lennart eine Idee.
„Öffne mal deine Klappe!“,
fordert er Titus auf.
Lennart kramt das Seil heraus,
das sie auf dem Mond
gefunden haben.
Geschickt knotet er es
am Griff der Luke fest
und lässt es hinunterbaumeln.
„Wir klettern!“, verkündet er stolz.

Das Seil reicht bis in die Äste
eines blauen Baums.
Von dort aus klettern die beiden
hinunter auf den Boden.
Sie landen mitten in Riesenblumen
und haushohen Pilzen.
„Hoppla“, sagt Titus.
Dann machen sie sich
auf die Suche nach Weltraumwasser.

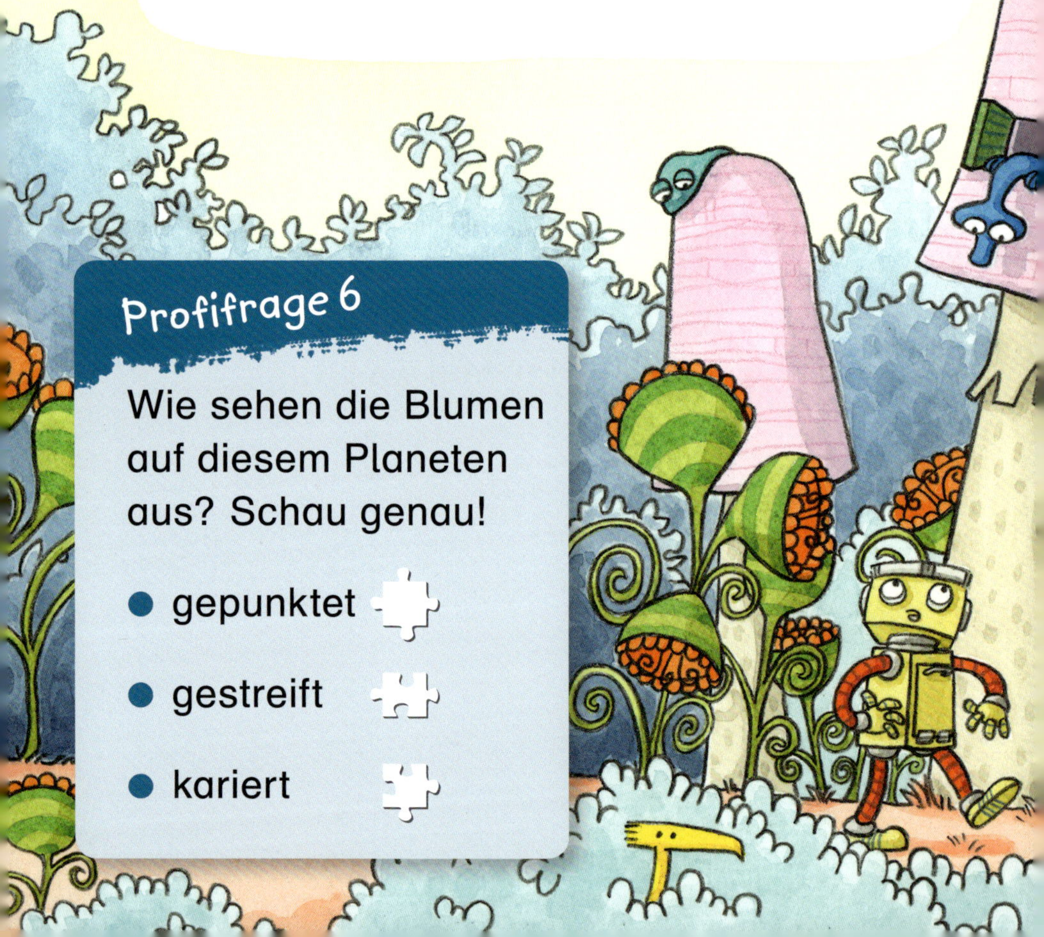

Profifrage 6

Wie sehen die Blumen auf diesem Planeten aus? Schau genau!

- gepunktet
- gestreift
- kariert

Sie durchstreifen die Natur.
Es ist fast wie ein Dschungel.
Nach einiger Zeit gelangen sie
an einen lila schimmernden Berg.
Hinter einem Gestrüpp
entdeckt Lennart
den Eingang zu einer Höhle.
„Vielleicht finden wir dort
etwas Wasser“, hofft er.

Vorsichtig betreten sie
die dunkle Höhle.
Die Gänge sind eng,
die Decken tief.
Lennart zieht
seine Taschenlampe hervor,
um den Weg zu beleuchten.
Aber der Lichtkegel trifft nicht
auf die steinige Wand
oder den unebenen Boden.
Er trifft direkt
auf ein Paar gelbe Augen.

Erschrocken weicht Lennart zurück.
Vor ihnen steht
ein Außerirdischer mit drei Armen.
„Macht ihr auch
eine Höhlenwanderung?“,
fragt er freundlich.
„Wenn ja, dann passt auf!
Da hinten ist es glitschig und nass.“
„Nass?“, ruft Lennart.
Seine Furcht ist verschwunden.
Aufgeregt erzählt er,
dass sie dringend Wasser suchen.

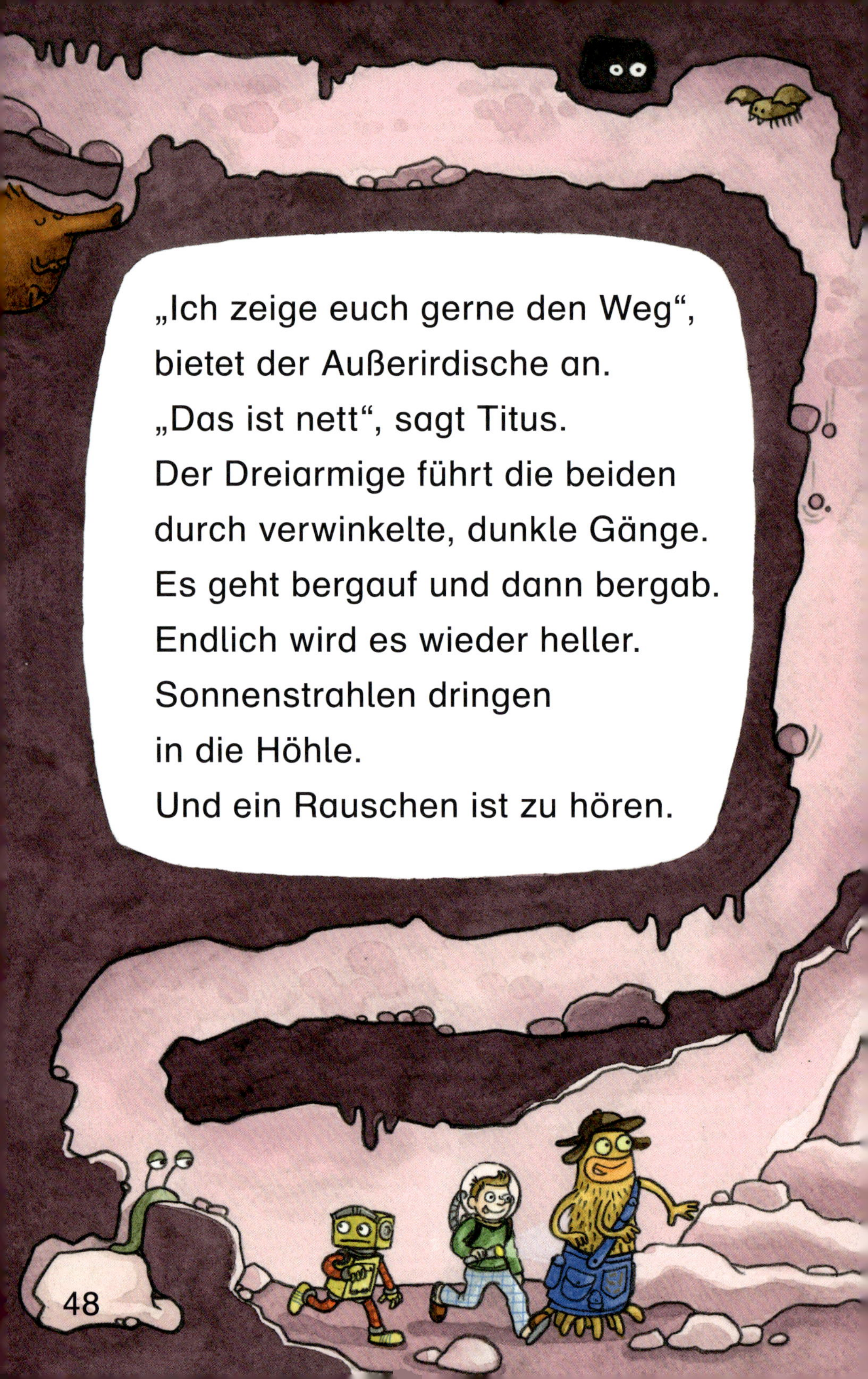

„Ich zeige euch gerne den Weg“,
bietet der Außerirdische an.
„Das ist nett“, sagt Titus.
Der Dreiarmige führt die beiden
durch verwinkelte, dunkle Gänge.
Es geht bergauf und dann bergab.
Endlich wird es wieder heller.
Sonnenstrahlen dringen
in die Höhle.
Und ein Rauschen ist zu hören.

5. Die Rettung

Die drei biegen um eine letzte Ecke.
Dort ist der andere Ausgang!
Lennart eilt vor und läuft hinaus.
„Juchhuuu! Wasser!“,
jubelt er.
„In der Tat“, bemerkt Titus.
Ein gigantischer Wasserfall
stürzt dort die Felsen hinunter.
Das Wasser glitzert
in Regenbogenfarben.
Jetzt müssen sie nur noch
die Rakete damit betanken.

Direkt neben dem Wasserfall
parkt das Ufo des Außerirdischen.
„Dürfen wir dich
um einen weiteren Gefallen bitten?“,
fragt Titus 3000.
Kurz darauf sitzen die drei im Ufo.
Als sie bei Lennarts Rakete ankommen,
ergreift Lennart das Seil
und zieht die schwebende Rakete
bis zum Wasserfall.

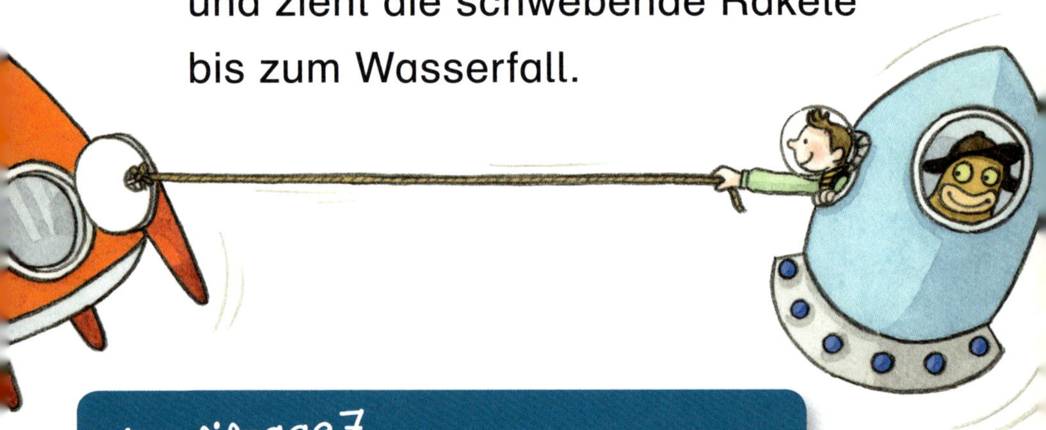

Profifrage 7

Wie glitzert das Wasser?

- in BOGENREGENFARBEN
- in REGENBOGENFARBEN
- in FARBENREGENBOGEN

Titus öffnet erneut seine Bauchklappe
und holt den Gummischlauch heraus.
Das eine Ende hält er ins Wasser.
Das andere Ende
steckt Lennart in den Tank.
Rasch ist die Rakete vollgetankt.
Uff!

Titus und Lennart
bedanken sich beim Außerirdischen
und verabschieden sich.
Der lädt sie ein,
ihn irgendwann zu besuchen.
„Ihr findet mich auf dem Saturn.
Mir gehört die Eisdiele dort.“

Lennart bekommt große Augen.
Und dem Roboter springt vor Erstaunen die Bauchklappe auf.
„Bist du etwa der Eisverkäufer, der meine Antenne auf dem Mars gefunden hat?“, fragt Titus.
Der Außerirdische grinst.
Mit seinen drei Händen durchsucht er all seine Taschen.
Schließlich zieht er eine dünne Metallstange hervor.

Der Roboter ist sprachlos vor Freude.
Er tickt und tackert vor Rührung.
Dann schraubt er sich
die Antenne auf den Kopf.
Endlich können sie
den Heimweg finden.
Lennart und Titus wünschen
dem Eisverkäufer noch schöne Ferien
und fliegen los.

Profifrage 8

Wofür braucht Titus
die Antenne?

- um nicht ins schwarze Loch zu fallen
- um das Weltraumwasser zu tanken
- um heimzufinden

Lennart genießt den Flug.
Doch dann schaut er auf die Uhr.
O Schreck!
Der nächste Tag
ist schon lange angebrochen.
Sicher suchen ihn seine Eltern
bereits überall.
Vielleicht auch Onkel Hans.
Was jetzt?
Zum Glück hat der Roboter
auch für dieses Problem eine Lösung.

Titus drückt eine blaue Taste.
Statt vorwärts
fliegt die Rakete nun rückwärts –
durchs All und durch die Zeit.
Als sie die Erde erreichen,
ist es erst elf Uhr
am Abend von Lennarts Geburtstag.

Sanft landet die Rakete
wieder im Garten.
Titus applaudiert,
denn Lennart hat die Landung
diesmal ganz alleine geschafft.
„Bis zum nächsten Flug!“,
verabschiedet sich Lennart.
„Wäre mir ein großes Vergnügen“,
erwidert Titus 3000.
Winkend geht Lennart ins Haus.

Dummerweise stolpert er im Flur.
Sein Papa wird wach.
Schnell versteckt sich Lennart im Bad.
Er wartet eine Weile,
dann huscht er hinaus.
Plötzlich steht Papa vor ihm.
„Wo warst du?“, brummt er.
„Auf dem Klo“, sagt Lennart schnell.
Das stimmt auch!
Davor war er zwar noch auf dem Mond,
dem Mars, dem Saturn und
in einer fernen Galaxie,
aber das muss er ja nicht verraten …

Für Vollprofis

Jetzt ist die Geschichte zu Ende.
Hier geht's mit Rätseln für Vollprofis weiter!
Die Lösungen findest du auf der Rückseite.

1. Welche dieser acht Planeten haben Titus und Lennart besucht?

Merkur | Mars | Uranus | Erde

Venus | Jupiter | Neptun | Saturn

2. Wie sehen die Marskühe aus?

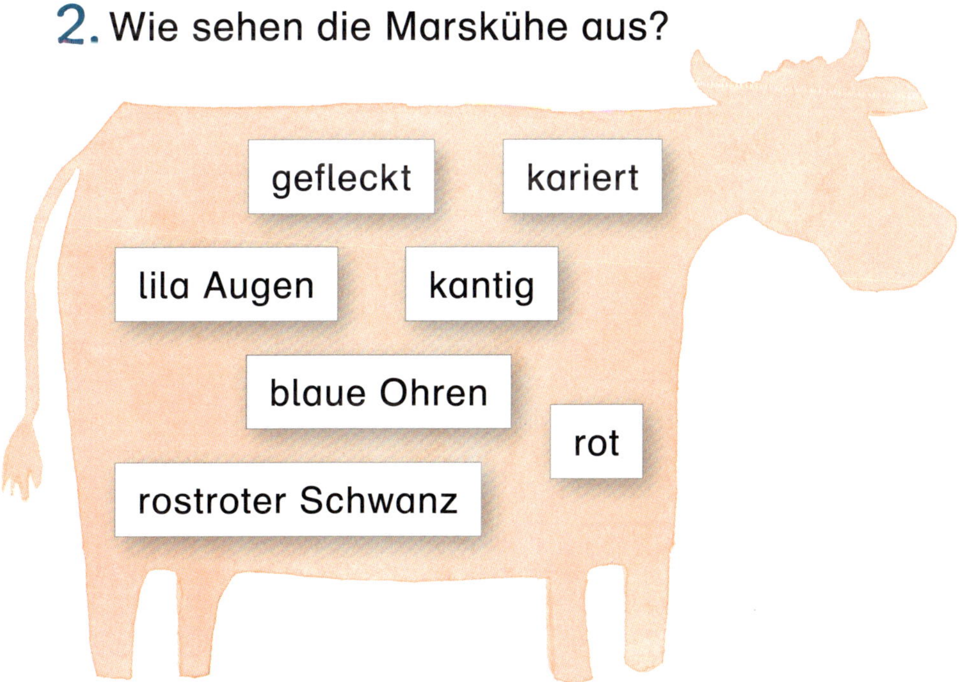

Für Vollprofis

3. Kennst du die Bedeutung dieser Wörter?

Meteoriten ○

Galaxie ○

Milchstraße ○

○ ▮ Sie ist ein langer, weißlicher Streifen am Nachthimmel und besteht aus Millionen von Sternen.

○ ◗ Stein- und Eisentrümmer, die durchs All fliegen. Sie können auf der Erde einschlagen.

○ ▼ Eine riesige Ansammlung von Millionen von Sternen. Im All gibt es unzählige verschiedene davon.

Herzlichen Glückwunsch!

Geschafft. Jetzt bist du ein echter Leseprofi! Noch mehr spannende Bücher findest du unter www.duden-leseprofi.de

Lösungen

1. Mars, Saturn
2. gefleckt, kantig, rot
3. Meteoriten ◗
   Galaxie ▼
   Milchstraße ▮

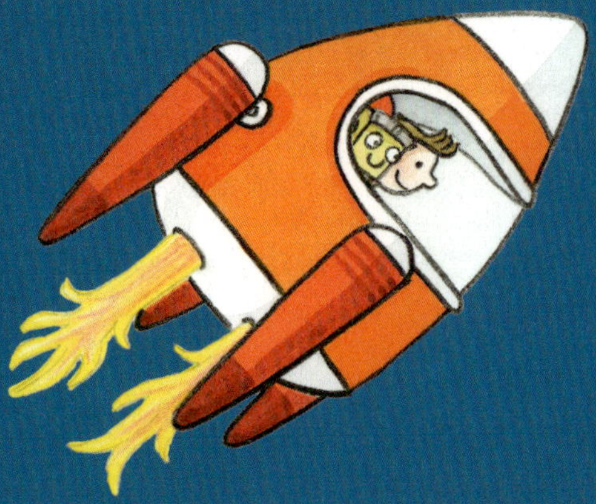

Das Lesezeichen ist dein Lösungsschlüssel für die Profifragen!

Für jede Antwort findest du ein Puzzleteil.

Wenn es zum Puzzle auf dem Lesezeichen passt, ist die Antwort richtig!